AF143299

# Tinderland ou le monde merveilleux des rencontres 2.0

# Lou Blake

Tinderland ou le monde
merveilleux des rencontres 2.0

© Lou Blake, 2021.

Édition : BoD – Books on Demand

12/14 rond-point des Champs-Élysées, 75008 Paris

Impression : BoD - Books on Demand, Norderstedt, Allemagne

ISBN : 978-2-322-39498-2

Dépôt légal : décembre 2021

# Sommaire

Je dédicace ce livre en premier lieu à l'une de mes acolytes, qui se reconnaîtra, confidente de mes moments les plus fous (ou désastreux) !

Ensuite, je le dédie à toutes celles, qui, comme nous deux, se sont retrouvées confrontées à ce genre d'individus, dans ce genre de situations. Je suis persuadée que vous avez vécu d'autres histoires tout aussi mémorables. Celles que je raconterai par la suite ne représentent donc qu'un panel non exhaustif.

Et à vous, messieurs, avec vos personnalités, vos humeurs, vos envies, votre imagination, votre tact, votre classe (ou pas) : un grand merci, vous côtoyer nous permet d'évoluer, de vous comprendre davantage et de bien se marrer parfois (et je suis sûre qu'il en est de même pour vous) ... Que serions-nous les uns sans les autres ?


Sans rancune.

## Avant-propos

L'idée de cet ouvrage m'est apparue lors de confidences régulières avec l'une de mes meilleures amies.

À force de se raconter nos méandres sexuels, nous nous sommes rendu compte de la diversité des situations rencontrées, et de la cocasserie de certaines. Nous avons élaboré une liste de nos « conquêtes », afin de n'en oublier aucune, et au fil du temps, la liste s'allongeant, on s'est dit qu'il commençait à y avoir matière à exploiter ! J'ai décidé de raconter les miennes ici… celles de mon amie viendront compléter la collection en fin d'ouvrage !

Si, bien évidemment, toutes les rencontres ne sont pas développées, sachez que j'en ai sélectionné une bonne partie, qui vaut le détour (et le coup ? cela reste à voir…)

Ces histoires croustillantes ne demandent qu'à être lues. Je suis certaine que d'autres se reconnaîtront dans ces écrits, ou pas, en tout cas je vous souhaite une agréable lecture !

Du fantasme à la désillusion, des premiers messages à la rencontre sous la couette, toutes les étapes de cette magnifique sphère des rencontres 2.0…

# Préambule : pourquoi en arrive-t-on là ?

Vaste question…

Pour commencer en toute légèreté, j'ai regroupé sous forme de liste les différentes raisons qui m'ont poussée à m'inscrire sur les applis de rencontre !

✓ Le gars bourré que tu chopes en soirée, qui se révèle être une déception lorsque tu reprends tes esprits le lendemain, qui ne recherche rien de sérieux, ou qui n'est pas en mesure de finir la soirée comme il faut !

✓ L'alcool qui te rend aveugle car ce beau gosse ne l'était finalement pas tant que ça… Qui ne s'est pas déjà fait berner au moins une fois ?

✓ Ton cercle d'amis désespérément vide de nouvelle tête.

✓ L'entretien, c'est important ! Et tant qu'à faire, autant choisir avec qui, non ?

✓ L'épicurienne attitude, il faut bien profiter de la vie, *Carpe Diem* !

✓ La découverte, c'est le top pour tenter de nouvelles expériences, et/ou de nouveaux fantasmes…

✓ L'ego, car on ne va pas se mentir, ça flatte un peu notre amour propre, de plaire à quelqu'un.

✓ La connaissance de soi, de ce qu'on aime, ou pas, cela permet de se fixer des limites. Un peu comme si on tentait plein de brouillons avant de trouver le bon !

✓ La fin d'une longue relation : vite, passons à autre chose pour ne pas sombrer dans une morosité dépressive. C'est un peu l'histoire de la relation tampon (ou pansement) ...

Et sans doute plein d'autres raisons que j'aurais oubliées. Dans tous les cas, quoi qu'il en soit, c'est important de ne pas désespérer. La mer est pleine de petits poissons qui n'attendent que nous pour s'amuser...

## L'ordre des choses (ou déroulé chronologique)

Tout d'abord, je pense que l'inscription sur une appli de rencontre résulte d'une curiosité majeure. Pour ma part, des proches m'en ont parlé. À force de me rabâcher, ils ont eu raison de ma force de volonté à résister à la tentation (échec cuisant, si cuisant que cela ?... À voir !)

Il est aussi bon de considérer qu'il ne vaut mieux pas être farouche, prude, coincée du derrière, autrement je vous conseille de passer votre chemin, et pourquoi pas même de reposer ce livre.

Une fois inscrite, et mon profil complété, à moi l'aventure !!

Premier constat, trois jours plus tard : j'ai mal à l'articulation pouce/index. Je ne savais même pas cela possible ! Je viens de découvrir un nouveau muscle ! Et oui, à force de swiper[1]. Du coup, changement de doigt ; je ne vais pas arrêter d'utiliser l'app maintenant, c'est tellement accoutumant et rigolo !

---

[1] Terme technique désignant l'action de sélectionner ou non les profils en faisant glisser à droite ou à gauche la photo du boy.

*To swipe, swiped, swiped*[2]

J'avoue ressentir un sentiment de puissance à sélectionner ou non les membres de cette communauté de célibataires (ou pas). Chacun ses exigences, je me dis quitte à avoir le choix et ne pas m'en justifier, autant sélectionner les beaux mecs (plaisir des yeux...) car on ne va pas se mentir, on est un peu comme au supermarché, on a le choix ! Autant être exigeant. (Cela pourra nous jouer des tours, comme démontré dans les pages à venir.)

Les profils comportant une photo dénudée marquent clairement un point, les photos sexy c'est cinq points. En revanche, les profils avec une unique photo, ceux où le mec dissimule tout le temps son visage, et enfin les profils à photos de groupe, c'est NEXT direct, pas de temps à perdre moi. (Mec, qu'est-ce que tu ne comprends pas dans le concept d'être reconnaissable sur ta photo ?)

*To match, matched, matched*[3]

Forcément, au bout d'un moment, considéré que je ne suis plutôt pas moche, et vu que mon profil semble

---

[2] Vraie conjugaison.
[3] Idem et pareil pour les autres verbes à venir

assez complet (plus de trois photos s'entend), se produit THE match !

Sous-entendu like réciproque, sous-entendu nos deux profils nous plaisent. Ah, cool ! Déjà c'est flatteur pour l'ego, et ensuite, parce que c'est bien beau de voir défiler les mecs, mais bon c'est comme chez le vendeur de bonbons, à un moment ce serait pas mal d'y goûter (niark niark) …

Tout n'est pas encore gagné, il faut ensuite soit parler soit attendre, mais si tu choisis la seconde option, tu peux attendre longtemps hein, car pour les mecs c'est pareil, beaucoup sont là pour renforcer leur confiance en soi et vérifier leur pouvoir de séduction.

Alors si le mec t'intéresse un minimum ou que t'es vraiment en manque, je te conseille d'oser le premier message.

En plus, de nos jours, les gars sont en mode : « Tu prônes l'égalité des femmes ? Et bah vas-y ma grande, à toi l'honneur, prends tes ovaires à deux mains et écris-moi ! ». Pas cons, les mecs. (C'est quand ça vous arrange, hein !)

*To contact, contacted, contacted*

Avant d'échanger avec le boy, je te conseille vivement d'être au clair sur ce que tu recherches, sérieux ou non, mais surtout ce que tu acceptes ou pas comme prise de contact.

Certains énergumènes ne font pas dans la dentelle pour t'accoster, alors sois prête à lire des : « Tu baises ? », phrase qui relève d'un style bestialo/pressé. Exemple de variante : « Tu cherches quoi ici ? » (Et là tu te dis cool, un qui veut parler un peu) « Blablabla, je réponds, et toi ? » « Du cul ». Ah bah ouais, il voulait parler très peuuu. Vaut mieux ne pas être une vierge effarouchée ici, mon gars. Enfin, ma biche.

*To discuss, discussed, discussed*

Quand échange il y a.

Autant te dire que nous ne sommes évidemment pas au sein d'un concours de grammaire et d'orthographe, exit le Certificat Voltaire[4]. Attention, risque possible de brûlure de la rétine. C'est limite si le jeune homme, qui s'exprime dans un français compréhensible et correct, sans faute d'orthographe qui plus est, monte directement dans mon estime (c'est déjà pas mal).

---

[4] Le Certificat *Voltaire* vous permet de certifier votre niveau en orthographe sur votre CV, il certifie le niveau de maîtrise des difficultés du français à l'écrit. (Source : www.cetificat-voltaire.fr )

Ensuite, abordons la durée (ou longueur) de l'échange.

Voici ma théorie concernant la durée de l'échange (par messages, photos et éventuellement vidéos - bande de coquins - sur le site, et/ou WhatsApp[5]) : c'est bien de faire connaissance quand même, histoire de savoir à qui on a affaire. Attention, derrière un écran il est facile de se faire passer pour n'importe qui ! Restez donc prudentes ! Pour ma part j'aime bien demander d'autres photos de la tête du mec, voire des vidéos, afin d'être sûre qu'il n'y aura pas erreur sur la marchandise.

Comme dit plus haut, je délaisse les profils sans photo de visage, c'est un indice pour moi de profil louche, et même si ce n'est pas le cas, le mec est sans doute moche, ou n'assume pas, bref, rien de bon.

De plus, un échange trop pressé laisse sous-entendre que le mec est au bord du craquage sexuel, il n'a pas le temps, vite, vite il veut assouvir ses pulsions sexuelles... Mollo Polo, on va croire que tu n'as rien fait depuis la nuit des temps (peut-être vrai mais à ne pas montrer, sous risque de faire fuir la personne de sexe opposé, phrase valable pour les deux sexes là, selon moi).

---

[5] Application universelle de messagerie instantanée

Mesdames, point important car oui, nous les filles, on est comme ça : il est inutile de s'acharner en messages tant que le gars n'a pas répondu. Ce genre d'applis permet à merveille de développer notre capacité à l'attente et à la résistance au fait de ne pas relancer. Stay strong girl.

En effet, l'acharnement peut vite rebuter le gars en face (qui, de façon inopinée, tel un gros bâtard qui perd ses burnes, peut supprimer le match, donc la possibilité de lui parler, d'un seul clic). Classe. Cette situation, déjà vécue, renvoie une image d'un gars irrespectueux, mais rappelons-nous bien, on est sur Tinder[6] ici, pas de sentiment, droit au but (ahah).

Ensuite, là est la subtilité de la chose, une fois passés quelques jours à échanger, se rencontrer sans trop attendre, car avec le temps, l'effet excitation des débuts retombe immanquablement, on n'y croit plus tellement, et il y a un risque de finalement ne jamais se voir. Déjà, dans l'idée, ton envie, si tu peux l'assouvir dans les quatre à cinq jours, c'est cool, alors on ne va pas attendre au-delà de la semaine non plus quoi… (allez, une dizaine de jours max, mais grand max !)

Je pense qu'encore une fois, cela doit flatter certains mecs (et nanas aussi) d'entretenir des relations

---

[6] Application de rencontre mondialement connue et utilisée (of course)

épistolaires avec plusieurs correspondant(e)s, mais à un moment donné, nous ne sommes pas là pour enfiler des perles ! Je dirai même nous sommes plutôt là pour enfiler autre chose[7]… Et forcément plus le temps passe, plus ton cerveau imagine des trucs idéalisés, et plus tu risques d'être déçue. Alea jacta est !

Enfin, tu n'es pas sur Meetic[8] ici ni Adopteunmec. Ici, le concept, c'est de profiter de sa vie sans se prendre la tête donc, qu'attends-tu ? Fonce !!!

*La rencontre*

Là, on se rapproche à grands pas du but escompté ! Dans mon cas, il est inconcevable de ne pas voir le gars avant dans un lieu public (les mystères et facéties d'internet…), sans doute cela dépendra des gens mais restez méfiantes quand même.

Un homme m'a relaté une fois être tombé sur une nympho-folle ! Une marathonienne du sexe, increvable, affamée… Le pauvre garçon semblait peu serein en se remémorant ce moment… Dans ce genre de

---

[7] Parental advisory : phrase interdite aux -15 ans, et d'ailleurs c'est également le cas de ce livre !
[8] Application de rencontre sérieuse principalement

situation, il est plus facile de congédier l'autre, poliment, évidemment.

Je trouve aussi qu'un mec qui accepte de boire un verre avant en extérieur s'éloigne un peu de l'image chien de la casse[9] qui veut juste se vider (ooops).

Selon les histoires, vous verrez différents styles de rencontres autour d'un verre. Forcément, selon les profils, il y a plus ou moins de complicité, on est plus ou moins content de voir en face la copie conforme (ou pas) des photos…

*Trêve de bavardages, on va chez toi ou on va chez moi ?*

Ayé, on y est !

L'heure est venue de passer aux choses sérieuses, le grand moment est arrivé ! L'envie est là, et c'est déjà un succès, car cela n'arrive pas toujours…

Une fois à destination, plusieurs cas de figure, selon les personnes : sans transition, c'est du direct, pas le temps de prendre (ou perdre ?) le temps ; pour

---

[9] Expression hautement flatteuse qui désigne un mec très affamé, prêt à tout pour conclure, n'ayant en général que peu d'usage des bonnes manières et coutumes attendues.

d'autres c'est plus tranquille. Certains installent l'ambiance, certains la cassent carrément ! Des fois, la désillusion est au rendez-vous, des fois, la magie opère…

Tant de choses à raconter ici ! Mais pour conclure ce premier chapitre, je dirais que ce qui ressort de ces rencontres, c'est la singularité de chacun et le côté inattendu, surprenant, inhabituel de chaque individu, chaque instant.

Allez, maintenant place au croustillant ! Sous forme de « nouvelles » d'une à quelques pages par rencontre, voici un éventail de ce qui se passe (ou pas) sur le web, puis dans le lit ahah !

## Le mystère des photos

Je souhaiterais ici attirer l'attention du lecteur sur un fait assez récurrent que j'ai remarqué. Plusieurs même.

Déjà, je souhaite rappeler que, me concernant, il est hors de question de liker un profil qui ne compte qu'une seule photo (sauf très rare exception mais sachez que très vite j'en demanderai une seconde, histoire de faire une moyenne quoi). "Parce que une, on sait qu'c'est d'la triche[10]".

Bien souvent les autres photos de profil sont moins flatteuses que la première, assez normal, sur certains profils cela va même de mal en pis, comme on dit ! Cela fait limite de la peine, mais je me dis que le positif c'est que c'est assumé !

Mais j'ai remarqué un truc : de plus en plus, entre la première et la seconde photo, y'a un monde ! Un précipice quoi ! À se demander si la majorité des profils ne sont pas des fakes parce que franchement, quel décalage. Ou alors vous êtes nombreux, les gars, à être passés sous le bistouri…

---

[10] Citation de Diam's pour conclure sa somptueuse chanson "Jeune demoiselle", 2006.

Il est possible et normal que vous usiez de techniques stratégiques pour paraître sous votre meilleur jour :

&#10003;    La photo vue de profil pour que l'on ne voie pas que vous êtes un peu joufflu (et d'ailleurs c'est super chou un visage joufflu, détrompez-vous beaucoup de filles adorent.... Le côté nounours, assurément !)

&#10003;    Le sourire bouche fermée, mais on suppose qu'il y a un truc louche. En fait il y a même un détail qui nous titille, alors on regarde la photo suivante et là ! Plus de place au doute ! Des dents de folie ! Chacun ses goûts et son seuil de tolérance, mais encore une fois, l'importance d'aller vérifier la seconde photo.

&#10003;    L'utilisation d'un chapeau, bonnet ou autre couvre-chef sur le crâne : (je dédie ce paragraphe aux mecs chauves). Je serais prête à parier que dans 95% des cas (laissons 5% aux autres quand même,) s'ils apparaissent en photo principale, vous pouvez être absolument certaines que sur la photo suivante, magie, crâne luisant ! Pour le coup les chauves ne sont pas mon style, heureusement je guette toutes les photos…

✓ Les photos volées d'un profil de mannequin : allez, on ne me la fait pas, à moi, le profil rempli de photos que je qualifierais de professionnelles. Pas une seule fausse note et c'est bien là le problème, la plupart du temps il s'agira d'un profil dit "fake", soit 'non réel… alors si l'envie te dis de parler à un mur. (Anecdote : une fois je matche avec un mannequin de pub de magazine. La discussion est fluide, pas l'ombre d'un nuage, et au moment où je lui propose de se rencontrer, le mec finit par m'avouer qu'il a volé des photos sur le net !)

✓ La photo en noir et blanc, prise à 10 mètres… c'est un peu comme si y'avait anguille sous roche. On peut suspecter directement la tentative d'arnaque. Le point positif est que si votre visage se rapporte à votre image, vous serez le Phoenix de l'hôtesse pour cette fois !

Nous sommes d'accord sur le fait que les points précédents, s'ils mettent en garde sur la vigilance à avoir, ne peuvent éviter de passer à travers toutes les mailles du filet… Une photo en pied peut permettre d'en savoir un peu plus sur la taille du mec ; de plus en plus l'indiquent par écrit dans le profil, histoire de "gagner du temps" car "apparemment c'est important" pour les filles. Perso, je m'en moque un peu, tant que le mec est plus grand que moi (pas difficile, il suffit de dépasser le mètre soixante).

Cela n'empêchera pas d'autres déconvenues comme quand le mec se mettra à parler et que vous n'adhérerez pas à sa façon de parler ou sa voix (genre ultra aigüe, situation déjà vécue, assez gênante…), ses tics ou autre.

Enfin, la prudence reste de mise, et suite à l'échange sur l'app, si vous passez sur un autre mode de communication, n'hésitez pas à faire un petit vocal ou même une vidéo histoire de vous familiariser avec l'inconnu et éviter les déceptions. Ou du moins y être préparé !

## L'américano ou le fantasme phallique

Certaines photos attirent plus l'attention que d'autres ; un jour, le profil d'Andrew[11] me subjugue : assis de profil avec son pénis en érection, le tout immortalisé par un magnifique cliché noir et blanc. Un phallus plutôt imposant qui plus est… Je me sacrifierais volontiers pour vérifier la véracité de la photo.

Après une brève lecture de son descriptif (par chance des fois il y en a un !), j'apprends qu'il est d'origine américaine et dick model (mannequin de bite). Rien que ça… Profil très vendeur, jusque-là !

La nationalité américaine apporte un petit plus au garçon, et nous convenons rapidement d'un rendez-vous. Petite déception en arrivant, l'homme n'est pas très grand, et sa tête n'est pas à la hauteur de sa bite ! Ooops. Passons, je sais ce qui se cache plus bas ! Nous buvons un verre, il paye l'addition, galant le garçon.

Suite à ce rendez-vous, nous convenons de partir faire quelques courses pour poursuivre l'apéro chez lui, il paye et après un détour à Franprix, nous voici chez lui. Pas grand-chose chez lui, mais le principal...

---

[11] Par mesure de respect de l'anonymat des différents garçons, les prénoms sont modifiés dans le texte.

Ce sera sans tabou que quelques verres plus tard, nous passerons aux choses sérieuses. Super bien membré, clairement satisfaite, un point négatif tout de même, c'est qu'il se considère uniquement comme le joujou sexuel de ces dames. Certains profils sont prêts à se sacrifier pour notre bonheur, c'est mignon, mais pas trop mon délire. Next !

# L'enflammé

On ne va pas se mentir, sur les sites de rencontre à visée principalement sexuelle, quelques énergumènes espèrent secrètement qu'une rencontre débouchera sur du sérieux. Les gars, on va redescendre, hein, on n'est ni sur Meetic, ni sur Adopteunmec…

La plupart l'ont bien compris, et prétextent donc ne rien rechercher de sérieux… mais on les distingue rapidement ! C'est le cas de Diego. Nous commençons notre échange par écrit, très vite sur Whatsapp (plus pratique pour l'envoi de photos diverses et variées…).

D'un coup, en réponse à une photo de ma part, le mec m'envoie un pavé de photos (10 d'un coup !) Surprenant, autant d'un coup, on sent le mec habitué, et, au vu des photos, bien prises, belles poses, bien travaillées… j'enclenche le mode "méfiance".

Un tombeur, sans doute ! Il pose beaucoup de questions, et comme au fil du temps je n'ai plus grand-chose à cacher, surtout en cas de nouvelle rencontre, je décide d'être honnête dans mes réponses. Il prend mal le fait que je ne parle pas qu'à lui !

Alors deux choses : soit il débute sur les sites de rencontre, soit il n'est visiblement pas sur le bon site ! (Et encore, il est absolument courant de discuter avec plusieurs contacts simultanément…) Vexé, il m'envoie même un message me souhaitant une bonne continuation ! Un peu déçue, car on avait un bon feeling, je lui dis que c'est dommage et que je vais me concentrer sur lui (j'aimerais bien le rencontrer quand même).

Au vu de mon acharnement (trois ou quatre messages vocaux à la suite, tout de même !), il accepte de reprendre l'échange. Ouf !

Nous convenons de nous voir dans la semaine, mais, au fil des jours, la tournure de la conversation se refroidit, pour ma part je préfère ne plus trop en dire et pareil niveau photo, tant que je n'ai pas vu le mec. Car des fois … grosse désillusion, l'impression d'être trompée sur la marchandise, bref.

On se voit donc à une terrasse de bistrot parisien, super rendez-vous me concernant même si je parle beaucoup, et qu'il ne cesse de me questionner sur mes précédents rencards. Il tique lorsque j'évoque avoir daté un pompier, cela semble l'obséder, et il ne cesse de me dire qu'il espère être aussi bien (ah, les mecs et leurs soucis de comparaisons…).

Nous partons chez moi, prendre un dernier verre, et les choses suivent leur cours… tout se passe super bien, et une fois l'acte fini, nous passons un tendre moment, entre discussion et câlins. On se fixe un rendez-vous la semaine suivante. Une fois parti, le mec me confie avoir hésité à me suivre chez moi, car il a été déçu de ce que je lui ai confié !

Incroyable, pour une fois que je faisais gage d'honnêteté… Ça m'apprendra ! Il tempère notamment en soulignant que la partie de la soirée passée chez moi « valait carrément le coup », qu'il a vu la « vraie » moi (je cite) et qu'il l'avait appréciée. Ouf, me voilà rassurée…

La veille du second rencard, le drame : le gentleman en question m'envoie une proposition, plus inattendue tu meurs. « Je ne peux pas juste venir te sauter en levrette, un soir ? » Mais alors là, *WHAT THE FUCK* ???

Les mecs, on va faire un point sur deux-trois choses. « Te sauter en levrette », je crois qu'en ces quatre mots, la qualité lexicale du mec est apparue d'un coup. Alors déjà, pour la majorité des nanas (je pense), ce genre de phrases, ce n'est pas très flatteur. Ok, la levrette c'est cool, mais bon disons que dans l'intimité, cette position ne permet pas forcément un échange par le regard, le toucher ou quoi, et est légèrement rabaissante. Donc en fait, se voir proposer ça, uniquement ça, par message, ça laisse sous-entendre (attention les yeux) « J'ai besoin de me vider les couilles, urgent ». Ouais, bah *NON*.

Et ensuite, nous, les filles, même pour un plan cul, sommes quand même un minimum sensibles et attentives à la qualité de l'échange avec notre interlocuteur. Un minimum. Enfin, moi en tout cas. Cela ne m'a donc pas plu du tout, et je le lui ai fait savoir. Une fois de plus, le mec a dû se dire « Suis-moi je te fuis » et m'a dit au revoir. Cette fois, mon coco, je ne rentrerai pas dans ton jeu, alors j'ai validé son idée.

Et là !!!! Bas les masques ! Le mec me dit finalement « Je viens demain te voir ». Ah bah non, trop tard ! Inversion des rôles (et je suis plutôt du genre têtu !). Je lui annonce qu'il vaut mieux en rester là. Je le bloque de Whatsapp, et de mon tel. Je reçois un message d'un autre numéro, (son téléphone professionnel ? Un téléphone secret ?) qui m'ordonne de le débloquer. Depuis quand m'ordonne-t-on quoi que ce soit ?

Ma réponse fut rapide, je lui répliquai donc que je bloquerai ce numéro également. Fin de l'histoire. Grand fou. Si jamais le gars avait eu l'audace de se pointer chez moi, j'aurais déposé une plainte pour harcèlement sans aucune hésitation.

## Le fantasme du pompier

Aaaaah. Le pompier…

Je ne sais pas pourquoi, depuis l'adolescence, je ressens un attrait pour les uniformes, et particulièrement, celui bleu marine orné d'un liseré rouge, vous l'aurez compris, celui du pompier.

Le traditionnel bal du 14 juillet fut pour moi l'occasion de les côtoyer de plus près, mais jamais davantage.

Un pompier, n'en reste pas moins un homme avec ses besoins, sexuels notamment. On peut donc en trouver quelques-uns sur les applis de rencontre. À ce jour j'en ai rencontré deux (pas en même temps, calmez-vous).

Un jour, je matche avec Romain. Le fait que le monsieur soit pompier avait quelque chose d'excitant, comme si rien ne pouvait arriver avec lui (le côté sal-vateur de la profession) …

Nous commençons à discuter, et, très rapidement, la tournure devient plus caliente, avec envoi de photos en tenue et en petite tenue…

Le côté « soldat du feu » rend très sexy cette profession je trouve, car il témoigne d'un véritable sang-froid, et je me dis que c'est le genre de mec qui ira jusqu'au bout, comme en mission quoi...

Nous décidons donc de nous rencontrer la semaine suivante. J'arrive avant lui au bar, et lui indique ma position. Il me rejoint. Et là, surprise, le mec ne ressemble plus aux photos qu'il m'a envoyées... Quinze kilos séparent ses photos de la réalité. Déception...

L'envie de réaliser l'un de mes fantasmes ayant pris le dessus, je lui laisse une chance et allons chez moi. Ce fut une bonne expérience mais je n'ai pas apprécié son manque d'honnêteté. Nous nous sommes revus une fois, puis, finalement, n'étant pas fan des profils « nounours », j'ai préféré arrêter de le voir.

Les mecs, mentir sur vos photos, ou utiliser d'anciennes photos, si cela ne se décèle pas toujours immédiatement, sachez que, comme on dit, la vérité finit toujours par se savoir. Je préfère limite un mec qui s'assume physiquement, qu'un qui trompe les nanas, juste pour avoir le privilège de les rencontrer. À bon entendeur...

Allais-je m'arrêter là dans mon expérience de rencontre pompieresque ?

Que nenni ! Je suis partisane de la seconde chance, ainsi c'est fidèle à mes principes que je décidai de tenter à nouveau avec un second de la profession.

## Le repos du guerrier

Une seconde opportunité de pécho du pompier s'est présentée à moi.

Attirance réciproque avec un soldat du feu, encore plus sexy que le premier ! Un petit air charmeur, et un physique de rêve.

Lucas me confie très vite être à bout nerveusement au vu de sa situation professionnelle. Il veut à tout prix se détendre, pour pouvoir tenir mentalement. Par ses propos, il me touche énormément, et je ressens l'engagement dont il fait preuve. Engagement au-delà de la profession, un dévouement.

Ce que j'apprécie chez lui, c'est son côté honnête et respectueux. Au bout de quelques jours, nous nous voyons.

Lorsqu'il arrive chez moi, surprise, entre les photos et la réalité, c'est un chouïa différent (encore !) mais, je m'y attendais un peu (on ne me la fait plus !). Le charme des cheveux longs a laissé place à un crâne rasé, moins attirant mais je me dis, ça repousse au pire, et heureusement d'ailleurs !

Mais surtout, pendant la discussion je me rends compte que nous ne sommes pas vraiment au même niveau, culturellement parlant… bon, mieux vaut donc écourter cet échange préliminaire et enchaîner !

Heureusement, au lit, nous parlons le même langage ! On passe la nuit ensemble (à dormir aussi, quand même), et le lendemain le réveil du mec sonne à six heures. Quoi ? Un dimanche ? C'est une blague ? Je le croyais en repos ? Ah bah non, monsieur fait du bénévolat dans le milieu du secours pendant ses jours de repos… Un passionné ! Et en même temps, c'est très respectable, et tout à son honneur, mais la fois suivante, le gars est reparti avant la nuit.

Car si la partie de jambes en l'air était d'argent, mon sommeil est d'or !!! (Quand je dors, ahah).

On s'est revus deux-trois fois, puis avons clos la relation là, pour une histoire de ressenti avec le préservatif, et son envie de le faire sans. No way, *NEXT*.

Les gars, un petit point capote s'impose : êtes-vous conscients que vous n'êtes pas les seuls à vous faire plaisir, donc potentiellement, le partage des MST[12] peut être réciproque ?

Ensuite, il peut arriver que toutes les partenaires que vous aurez ne soient pas sous contraceptifs, alors imaginez la suite : la nana tombe enceinte ? Ce n'est

---

[12] Maladie sexuellement transmissible : sortez COUVERTS !

pas votre souci, mais accepteriez-vous de devenir père, comme ça, du jour au lendemain ? Car je suis sûre que certaines pourraient décider de garder l'enfant...

Enfin, pour moi, et peut-être pour d'autres, avoir une relation sans préservatif signifie faire confiance à son partenaire, ce qui équivaut à être en couple avec, et encore, il faut avoir passé tous les deux les tests de dépistage. Il m'est arrivé une fois de faire l'amour avec mon copain de l'époque sans capote (et nous n'avions pas encore fait les tests), et bingo ! J'ai contracté une infection sexuellement transmissible, qui par chance, se soignait avec un petit traitement. Toutes les MST ne sont pas forcément le sida, mais peuvent avoir de graves conséquences aussi (stérilité…), donc attention !

C'est trop facile de se pointer à un rencard sans capote les mecs, bizarrement la fille en a souvent, le côté prévoyant sans doute ? En tout cas, cela est révélateur pour moi de votre sérieux ou non.

# Le statisticien

Paul avait l'air sympathique. Après quelques messages, nous convenons d'un verre en terrasse. Agréable perspective.

En vrai, le mec ne me plaît pas. J'essaye donc de rester la plus naturelle possible pour ne rien laisser paraître pendant que nous discutons de tout et de rien. Charmantes banalités du premier rencard.

Et là, le mec, perspicace de fou, me sort : « De toute façon je sais très bien que ce rendez-vous n'aboutira pas ». Trop fort ! Il est devin ou quoi ?

Et il ajoute : « Je vois bien dans ton comportement que tu n'es pas intéressée ». Et ce que je vais vous dire maintenant est unique, on ne me l'avait jamais faite celle-là, et, des années plus tard, je m'en souviens encore, c'est dire.

Le mec déballe toute sa théorie selon laquelle il est rare que des rencontres sur applis aboutissent et donc voilà comment il agit :

✓ Il like tous les profils de nana, car en tant que mec on est limité à cent like par jour, et, au lieu de perdre du temps à choisir, autant en liker cent d'un coup, et trier ensuite, en fonction des filles qui matchent avec lui.

✓ Une fois le tri effectué, il reste en moyenne dix profils à contacter. Sur ces dix, la moitié répondra.

✓ Sur cette moitié, avec seulement deux l'échange durera suffisamment longtemps pour prévoir de se rencontrer.

✓ Enfin, une acceptera la rencontre, et pourquoi pas, plus si affinité.

C'est un Paul très sérieux et sûr de sa théorie, et sans une seule once de gêne, qui développa cela. Il promit même de m'envoyer son tableau Excel de statistiques, que je n'ai fort malheureusement pas gardé.

Ceci dit, cela pourrait expliquer l'étrangeté des profils masculins qui matchent avec le nôtre, puis qui disparaissent d'un coup. Paul ne serait-il donc pas le seul à effectuer quotidiennement du pouce une centaine de mouvements vers la droite ?

Affaire à suivre…

# L'incorrigible

Il est de certains hommes qui te tapent dans l'œil. Une petite bouille angélique, un sourire ravageur… et lors de la rencontre, c'est encore plus réjouissant ! Ça arrive parfois, les sites ne débouchent pas toujours sur des profils décevants… (Reprenons espoir !)

Antonio faisait donc partie de la catégorie « belle trouvaille » : avant de le rencontrer, ses petites vidéos témoignaient clairement d'un profil super attirant.

Un super feeling ressort de nos échanges, le ciel est d'un bleu ! Pas un nuage en vue… Le rendez-vous est planifié à un soir en semaine, 20h30. Sachant que je suis au sport de 19h à 20h, donc injoignable. Inutile de préciser ma surprise, et mon amusement (à force de rencontrer des mecs singuliers, je préfère accepter les choses avec humour), lorsque, une fois sortie du sport, je lis un message d'Antonio :

*« Coucou, c'est toujours ok pour qu'on se voie ?»*. Alors ici, un aparté : sachez que lorsqu'on cale un rdv, sauf annulation de notre part (ou de la vôtre d'ailleurs, ceci est valable dans les deux sens), il a lieu, en temps et en heure ! Pas de stress, à la limite un petit message à la mi-journée, mais une heure avant je trouve cela plutôt léger…

Et puis en plus, si tu as du feeling avec le mec tu continues à lui écrire jusqu'au rencard, cela me paraît bizarre de couper tous les ponts le jour J. Je réponds donc, à vingt heures, soit une heure plus tard, que oui, c'est toujours d'actualité.

Antonio habite à une bonne trentaine de minutes en voiture de chez moi (va savoir pourquoi, je conclus souvent avec de lointains banlieusards, comprendre loin de paris). Il me répond qu'il est sur la route, aaaah ! Le jeune homme a eu un élan de lucidité et s'est dit : "Pas de nouvelles, bonne nouvelle, le rdv doit être maintenu" (J'admire votre lucidité des fois, si, si, vraiment !).

L'espoir de le voir bientôt renaît donc en moi, je me dépêche de rentrer et de me préparer. Une fois prête, il reste quelques minutes avant l'heure H (heure fatidique). Mais toujours pas de news du cavalier sur sa monture (ooops, pardon je m'égare, du minet dans sa voiture !). Quelques minutes plus tard, il m'indique arriver dans une demi-heure, mais par où est-il donc passé ? ... Et avec ceci, ce sera tout ? Ajoutez-moi une demi-heure de recherche de stationnement et ça ira !

Il sera finalement 22h30 lorsque nous nous retrouverons, de quoi lui attribuer la palme d'or du retard le plus remarquable. Il s'excuse quand même, point positif.

Heureusement, le feeling est bien réel (pas toujours le cas quand on passe du virtuel au réel). Nous nous quittons plusieurs heures plus tard, en nous promettant de nous retrouver assez vite.

Lors du second rendez-vous, il arrive avec une heure et demie de retard. Le prétexte ? Sa mère avait besoin de lui pour lancer le barbecue, et je crois bien qu'il a dû y rester pour y manger un bout… On en rigole mais au fond de moi j'ai un peu le sentiment d'avoir perdu mon temps à l'attendre...

Le dernier rendez-vous est fixé avec une promesse de sa part d'être plus ponctuel cette fois- ci.

Nous calons un dimanche en fin d'après-midi cette fois-ci. N'ayant pas pris de mes nouvelles le jour J, je ne m'affole pas et décide de vivre ma vie de mon côté sans lui donner des miennes.

Comme dit plus haut, je m'assure que le rdv est maintenu par un message envoyé en début d'après-midi, nécessitant une simple réponse de confirmation.

Ce message ne sera pas lu de l'après-midi… je tente une relance un peu avant l'heure du rdv, (ne croyant plus à sa venue). Pas de nouvelles non plus. Message non lu (merci Whatsapp).

Je précise que j'avais quand même fait l'effort de rentrer chez moi pour l'heure dite, par respect pour le jeune homme (respect non réciproque, à ce moment-là, semblerait-il).

Ce n'est que le lendemain que je reçois un message d'excuses de sa part, ayant eu une urgence familiale à gérer, il n'a pas pu me prévenir. J'en suis navrée, mais cette fois, ce sera la fois de trop.

Alors, je mets de côté mon attirance, me reconnecte avec une de mes principales valeurs qui est le respect de l'autre, et décide de mettre un terme à cette "relation" bancale.

Antonio me répond : "On ne se reverra plus ?", hey, perspicace ! C'est l'idée en effet. "Le plus important c'est quand on se voit ; moi, je t'apprécie". Ce n'est pas la question !

Ici il est important de savoir poser les limites, quitte à mettre un terme à une relation parce que le mec ne correspond pas à nos valeurs. À nous de peser le pour et le contre, mais je pense qu'il ne faut pas bafouer qui l'on est et nos valeurs.

Le jeune homme tentera la semaine suivante un ou deux petits messages charmeurs afin de me faire retomber dans ses filets, mais cette expérience m'aura appris à ne pas être à la disposition d'un mec et au sens plus élargi de n'importe qui. Résumé de l'histoire

: sur trois rendez-vous, deux heures de retard au premier, une heure et demie au second, et un lapin au dernier.

Sacré palmarès.

## Le quicky

Sacrée histoire que celle que je m'apprête à vous raconter ici… Ceci n'est pas évident à relater. En effet, c'est un peu gênant pour le garçon, mais heureusement l'anonymat est préservé ! Ici je vais aborder un petit souci que peuvent rencontrer certains hommes, à savoir l'éjaculation précoce.

Un soir, je rencontre Bastien. Très vite, nous passons à l'étape deux, tous deux assez excités par notre apéritif… Il s'avère que malheureusement, Bastien n'est pas gâté par la nature… Bon je ne sens pas grand-chose alors j'avoue, je simule un peu. Au bout de quelques minutes, sans doute moins de cinq, Bastien pousse un grand soupir de soulagement.

Après s'être rappelé ma présence, il me sourit et me demande "Ça va, ça t'a plu ?". Euh... Joker ? Par politesse je lui réponds affirmativement, et après un temps de repos (plus pour lui que pour moi d'ailleurs), nous voilà repartis.

Même scénario, trois minutes plus tard, il jouit et me demande si je "l'ai bien senti ?". Je ne sais pas si le plus gênant dans cette histoire est le temps record de l'acte (moins d'une dizaine de minutes tout inclus,) ou bien la taille de son membre (à deux doigts de perdre la capote en cours de route) …

J'étais là, allongée, à me demander comment me dépêtrer de cette histoire, lorsque le téléphone du jeune homme sonne. Prévu, ou pas ? On la connaît, l'histoire du pote qui nous appelle dans une heure pour nous sauver en cas de besoin !

Et donc en plein week-end, Bastien est demandé par son papa à l'accueil, ah, non, pardon, au cabinet (cabinet commun d'avocat je crois), pour une affaire importante. Et bien merci papounet, tu m'as sauvé la mise.

On se promet de se revoir, belle promesse, que de politesses de nos jours !

# Le gentleman

Le mec de la rencontre suivante est le seul que j'ai connu de ce style. Un mec des beaux quartiers, ce Laurent. Après une rencontre sur Châtelet, nous nous rendons chez lui, métro Concorde. Il habite non loin de diverses ambassades, et j'avoue qu'en traversant son quartier je me suis crue dans un film. Tu sais, le Paris rêvé mais loin de la réalité, un peu comme dans la série "Emily in Paris"[13].

S'il vivait dans un appartement de fonction, je dois admettre qu'il a largement relevé le niveau comparé aux mecs que je rencontre d'habitude. Poli, respectueux et surtout très méticuleux dans son approche.

Après un petit apéritif maison préparé soigneusement, il me proposa de regarder un film, allongés ensemble sur son canapé. Et tout naturellement, il commence à me faire des caresses, des papouilles, super mignon le garçon. Même si très vite je suis fixée sur ses attentions ! Coquinou, va.

---

[13] Série Netflix absolument pas réaliste concernant la vie à Paris d'une américaine. Cette série permet néanmoins de représenter la vision de la France par les producteurs américains…

Galant, après une bonne nuit à deux, il me prépare le petit déjeuner et nous partons ensemble à nos boulots respectifs. Nous nous reverrons plusieurs fois, jusqu'à ce qu'il mette un terme, devant déménager.

Cette rencontre date d'il y a quelques années, malgré tout elle reste ancrée dans ma mémoire tant elle a dénoté par rapport aux autres. Le respect dégagé par Laurent, son attention envers moi, son approche en douceur, tout cela est clairement ce que nous recherchons (enfin je crois) dans une relation, qu'elle soit sérieuse ou pas.

Alors messieurs, n'hésitez pas à vous comporter comme des gentlemans, vous marquerez des points ! Et cela nous fera du bien !

## Le mytho

Ce cher Georgio m'ayant chauffée tout l'été,

Me voici fort dépourvue lorsque la rentrée fût venue.

Point d'initiatives de sa part,

Monsieur était un gros flemmard !

Après m'avoir invitée à le retrouver,

Nous passâmes ce temps habillés.

Pas moyen de trouver la motivation,

Mon étonnement fut à la hauteur de ma déception.

Quelle splendide perte de temps,

Il ne me restât plus qu'à oublier ce potentiel amant !

Beaux parleurs, à tous les coins de rue,

Je jurai, un peu tard, qu'on ne m'y prendrait plus!

## Le touriste

Ce qui est sympa lorsque tu habites dans la plus belle ville du monde, c'est qu'elle attire des touristes du monde entier.

Il peut arriver, qu'au détour de la recherche, perdu entre un Thibault et un Abdel, apparaisse un prénom à consonnance étrangère, qui, ceci dit, pourrait très bien vivre en France (de nos jours les prénoms sont si variés !).

Ce qui fera la différence du profil touristique, c'est la description ! (Si description il y a). Celle de Miguel indiquait, dans un anglais maîtrisé, être présent à Paris pour plusieurs jours, car il était en vacances.

C'est toujours assez distrayant de converser avec un touriste car les conversations n'ont rien à voir avec celles des profils habituels.

Le courant passe très vite avec Miguel, et comme le temps est compté, je lui propose de me rejoindre dans mon bar habituel, le soir même. Je suis accompagnée d'une copine et il nous tarde de le voir arriver ! Ressemble-t-il aux photos ? Quel accent dans sa voix ? Tout ça, tout ça.

Lorsqu'il arrive, je remarque immédiatement son charme, il est souriant et nous trouve directement (on était proche de l'entrée, c'était facile).

Nous discutons, buvons des coups, rigolons beaucoup, la soirée est excellente. Ma copine valide le mec, nous rentrons donc chez moi en Uber (je suis sympa, je lui offre une mini visite guidée de ma ville lumière, surtout à 2h du mat).

Arrivés chez moi, on passe une nuit d'enfer (que je garderai pour moi mais super alchimie). Je crois que j'ai rarement passé une nuit pareille. Il est sud-américain, et vraiment très chaud. Je ne sais pas si ce n'est qu'une légende, mais sur ce coup-là, je confirme.

Le lendemain matin, il s'amuse à essayer de lire un chapitre d'un de mes livres de chevet. Son français lu n'est pas si pire. Je le reprends un peu, il me demande de lui lire le même chapitre, et me regarde, épaté. C'est à ce moment-là que je réalise ô combien notre dialecte est complexe à étudier.

Une fois la *french lesson* terminée, nous décidons de nous préparer et d'aller prendre un petit déjeuner français, dans un bistrot du coin. Il part chercher ses affaires dans l'auberge de jeunesse, et les ramène chez moi.

Le lendemain nous le passons ensemble, puis il est temps pour lui de repartir dans son pays.

Cette parenthèse, teintée d'une note d'amourette de vacances, est l'un de mes plus beaux souvenirs de rencontre via une appli. Pour une personne en voyage, le rapport à ce genre d'outil est peut-être différent, plus léger et moins prise de tête (ou bizarre en tout cas). J'ai ressenti beaucoup de simplicité dans notre relation.

Nous resterons en contact par messages un long moment, mais la vie continue, et le décalage horaire n'étant pas notre allié, tout cela finira par s'estomper.

## #metoo

Ce chapitre démontre que, malheureusement, bien qu'on se croie hors de danger, nous pouvons être en proie à n'importe qui, et n'importe quand.

C'est fondamental d'être et de rester raccord avec vos valeurs. J'ai déjà parlé plus haut du respect qui est méga important à mes yeux.

Cette valeur-là ne tardera pas à être bafouée, et voici comment :

Un jour, c'est au tour de Jordan d'être sur la liste de l'heureux élu de la rencontre du jour. On passe un long moment à discuter en extérieur, en une douce fin d'après-midi de période covidesque… (les bars et restaurants sont fermés, quel dommage, mais la vie continue).

Nous décidons de nous séparer et de nous revoir dans la semaine. Cette première rencontre était fort respectueuse. Je me dis : "Ah, un mec qui peut patienter, super ! Peut-être sera-t-il l'homme de ma vie ?" Oui, des fois je m'enflamme très légèrement…

Il vient chez moi, puis je vais chez lui, tout se passe bien. Il me demande l'autorisation avant de faire certaines choses, je lui donne ou non, il écoute.

À cette période, j'ai des contrariétés professionnelles et je souffre du dos. Un jour je lui demande de me masser. Son massage étant trop vigoureux, je lui demande de baisser en intensité. Je suis fragile, moi !

Ce qu'il fait. La fois suivante, alors que nous sommes allongés, je me plains encore du dos. Il me dit "Attends, je vais te débloquer". Ne souhaitant pas qu'il me débloque de la manière forte, je refuse.

Il me monte dessus et m'écrase, je ne peux pas bouger. Je tente de m'extraire en lui disant : "Non, je t'ai dit que je ne veux pas, laisse-moi". Il ne m'écoute pas et commence à m'attraper les bras (je suis face au matelas). Je crie : "*NON, LAISSE-MOI !*", c'est comme si je parlais à un mur. Il tire sur mes bras et me fait craquer le dos. Monsieur a raté sa vocation, il aurait dû être ostéo…

Puis, tout content, il me dit que ça va aller mieux maintenant. Ah, et bien je ne crois pas, je m'énerve en lui disant que je ne pouvais pas bouger alors que j'ai essayé de partir. Je lui demande que se serait-il passé s'il avait été question d'un acte sexuel ? Il m'aurait violée ? Il prend très mal cette dernière remarque, se rhabille et s'en va.

Je le raccompagne volontiers jusqu'à la porte, que je claque bien fort. Cette situation ne se reproduira plus. Ce genre de scène peut se produire à n'importe quel moment. Là, je ne m'y attendais pas du tout, et pourtant cela faisait plusieurs fois que je voyais Jordan. Comme quoi.

Lorsque l'on refuse, on refuse, *POINT*. Peu importe le sujet, s'il commence à y avoir un rapport de force, la situation peut être *DANGEREUSE*. Alors prenez soin de vous, et salut les fous !

# L'enjôleur

Certains mecs sont vraiment doués. L'histoire qui suit le démontre totalement : un jour avec Sam nous décidons de nous voir dans un café. Jusqu'ici, tout va bien, encore un bon feeling (j'ai souvent un bon contact avec les mecs, j'aime rire et délirer avec eux, donc rien d'affolant !)

Sam semble comme un poisson dans l'eau, ce qui me surprend car parfois j'ai l'impression de déstabiliser les hommes que je rencontre, ou alors qu'au premier rdv, ils ne savent pas trop comment se comporter, sans doute sont-ils dans la retenue (comme moi sans doute aussi parfois !) Il me dit être acteur, avoir même joué dans un feuilleton télévisé populaire. Je comprends mieux son aisance.

Au milieu de notre discussion il me demande naturellement si je ne pourrais pas l'héberger quelques semaines… ce n'est pas comme si on venait de se rencontrer ! Assez culotté le jeune homme, me dis-je…

Au moment de payer, il m'annonce que sa carte bleue a été volée et me demande si ça ne m'embête pas de régler, n'ayant que vingt euros sur lui. Ok, pas de soucis (mais bon, le mec s'est quand même pris une conso sans m'attendre, bref je règle les trois consos).

Nous arrivons chez moi (étant bien située dans Paris ça finit souvent chez moi, et en plus ce jeune homme était un peu à la rue…)

La fin de soirée se passe à merveille, comme si nous nous connaissions depuis toujours… On se quitte en se disant au revoir. Se revoir, c'est sans compter son long texto du lendemain.

Il m'annonce très solennellement avoir passé une super soirée mais malheureusement il n'est pas certain que nous soyons compatibles sur le long terme (mais depuis quand t'ai-je parlé de nous mettre dans une relation longue ? Tout doux le loup![14]).

Ce sera donc un garçon que je ne reverrai plus. Ce qui est assez amusant c'est qu'un peu plus tard, en discutant avec un ami du même milieu, j'apprendrai que ce fameux Sam est réputé pour être un tombeur, en quête de popularité, enchaîner les relations, et surtout se comporter par la suite comme un vrai connard irrespectueux. Sans blague.

---

[14] Expression souvent utilisée par une amie qui m'est très chère et qui signifie ne précipitons pas les choses.

## Le fidèle au poste

Ce qui est assez drôle dans cette partie, c'est que finalement ce que je vais décrire ici s'applique également à moi…

Je constate que sur plusieurs sites de rencontre, peu importe l'année de mes "recherches" ou du moins "tentatives inespérées", je reconnais régulièrement certains mecs.

Ce qui me pousse à m'interroger tout de même : sont-ils d'éternels célibataires (eux aussi) ? Le sont-ils par choix ? Ou bien sont-ils en couple mais dans ce cas sont-ils de gros connards ? Sommes-nous à chaque fois célibataires en même temps ? Sont-ce des fakes (cf. un des chapitres précédents) ...

Tant de questions sans réponses. Un mystère de plus qui restera en suspens pour l'éternité. Bref. D'un côté, je ressens un certain sentiment de sécurité à croiser des "têtes connues", je retrouve mes repères. Le plus drôle est lorsque je les rencontre sur plusieurs sites en même temps, héhé, on multiplie les chances les mecs ! Y'en a là-dedans.

Mais attention ! Cela peut aussi signifier une envie de vous amuser, le plus possible, ou le plus rapidement possible, en tout cas de couvrir le territoire au max ! Cela peut aussi amener à se poser la question de votre sérieux, une fois engagé. Arriverez-vous à vous couper de ces mondes merveilleux ? Car ce genre de sites a un côté addictif, alors bon…

C'est quand même amusant de vous (se) voir grandir, avec la mise à jour semestrielle ou annuelle d'une ou plusieurs photos ! Et d'ailleurs des fois, cela me fait revoir mon avis sur vous (ah bah en fait je ne suis pas fan, ou bien, ah mais il n'est pas mal du tout ! Allez, je le matche cette fois !) Je suis sûre que vous voyez de quoi je parle les filles, et même les mecs, non ?

Je qualifierai cette part de la population des sites de rencontre d'inconditionnels ! Un peu comme les piliers de bars, mais dans le style piliers de l'appli.

Le must du must reste le mec qui a sans doute plusieurs téléphones, et donc plusieurs comptes, mais sur la même appli ! Je vous jure cela m'est déjà arrivé de tomber sur le profil d'un mec avec lequel je venais de matcher 15 minutes avant, avec d'autres photos, et une autre description !

# L'épistolier

Lorsqu'on commence à avoir une certaine expérience des sites de rencontre, on remarque assez rapidement à qui on a affaire. Parmi les différentes options, je citerai l'épistolier, ou le correspondant. C'est le mec que tu ne rencontreras jamais !

Mais vraiment, et cela, tu le réaliseras bien plus tard, en fait, tu as une petite part de toi qui espère, qui continue d'espérer… Mais non ! Sofiane en est l'illustration parfaite.

Lorsqu'on échange nos numéros, on s'écrit très régulièrement, pendant quasiment un mois, sans pouvoir se rencontrer, le contexte étant compliqué. Et puis, un jour, je lui propose de se voir, il est d'accord.

On ne fixe pas de date (j'attends parfois que le mec prenne l'initiative), et on continue à parler, longuement, les jours passent, la conversation se meurt à petit feu… jusqu'à s'arrêter totalement.

Puis reprendre au prochain trimestre, lorsque le gars, dans un moment d'ennui suprême, aura parcouru son répertoire à la recherche d'une bonne âme (toi, entre autres !) avec qui discutailler !

Ayant développé une véritable capacité à lâcher prise et à "erase[15]" les mecs de ce style, je l'oublie rapidement, la fonction "bloquer ce contact" de Whatsapp y étant pour beaucoup.

---

[15] Zapper totalement

## Le boomerang


J'ai intitulé cette partie ainsi, car, tel un boomerang, le mec te revient en pleine face, quand tu ne t'y attends pas, car il a gardé ton numéro !

Un beau jour, pendant un moment d'ennui au travail, je reçois un message sur Whatsapp. De quelqu'un qui me connait visiblement ! Je lui réponds donc en lui demandant qui est-ce et comment se connaît-on ? Comment a-t-il mon numéro ?

Et c'est tout naturellement que le mec en face te réponds : "Tu me l'avais donné, tu ne te souviens pas ?". Cela provoque alors une sensation d'étonnement, (véritable hein, sans simulation, dans le sens on redécouvre ce mec), mais, ah bon ? Mais c'était qui déjà ? Quand lui ai-je donné mon numéro ??? Alzheimer me guette-t-il ? Déjà ?

À cette sensation peut s'ajouter le sentiment de gêne, car, plus on va échanger avec le mec, plus on va se sentir s'enfoncer dans les entrailles de la terre. Je culpabilise en me disant que le mec va se sentir oublié, ou un parmi tant d'autres, et que le fait d'avoir supprimé son numéro (j'avais sans doute d'excellentes raisons) signifie que je n'en ai rien à paître.

Je ne citerai personne comme exemple ici, cette situation m'arrive trois à quatre fois par an, mais deux possibilités s'offrent à nous en cas de récidive de cette reprise de contact :

a- Il s'avère que le mec ne nous dit rien du tout, de chez rien du tout, je suis partisane de la seconde chance. Après tout, c'est lui qui revient, c'est plutôt flatteur (ou alors, il est en manque), dans tous les cas cela risque d'aboutir très prochainement, alors go ! On verra ce que ça donne, et au pire, libre à nous de mettre un terme à la discussion (avec l'aide fabuleuse du bouton bloquer dans Whatsapp).

b- Il s'avère que le mec nous dit quelque chose,
Ou ne nous dit (aussi) rien du tout. Là, on peut se demander pourquoi nous n'avions pas gardé son numéro ? Faisait-il partie d'un des profils cités auparavant ? Ai-je supprimé son numéro par énervement, par déception, par absence trop longue de signe de vie ? Je pense que nous sommes les mieux placé(e)s pour nous connaître alors, une fois encore, agissez selon votre ressenti et vos valeurs.

J'espère vous avoir un peu aidé dans l'attitude à adopter mais de toute façon, vous n'êtes pas à l'abri

de recevoir un nouveau message quelque temps après,
d'un autre inconnu !

*Les stories suivantes ont été vécues (et sont donc racontées) par ma copine, qui elle aussi en a connu des vertes et des pas mûres. C'est la partie "Guest" du bouquin !*

# Le bâtard

Un jour, je matche avec un beau Richard. Ses photos sont canons, sa description de séducteur bien amenée, bref, on sent l'habitué. La dernière photo me fait néanmoins tiquer : c'est lui avec un chien. En tant que propriétaire de chien et fréquentant le cani parc du quartier, les chiens des environs, je les connais. Et celui sur la photo m'est familier.

Forcément les deux personnes à chien que nous sommes arrivent rapidement à parler de nos boules de poils. Je lui présente le mien et il fait de même. Et ça ne loupe pas, c'est bien le chien que je connais. Et pire, je connais très bien sa propriétaire, une jeune femme qui vient d'accoucher d'un petit bambin il y a à peine deux mois.

Je lui fais part de ma surprise et lui demande s'il ne ferait pas des infidélités à sa femme. Il m'avoue que c'est effectivement bien le même chien. Je lui demande des explications. Il me répond qu'il ne se passe plus grand chose dans son couple (donc parce qu'il ne se passe plus grand chose, au lieu de régler les problèmes on va matcher sur Tinder *OKLM*[16]).

---

[16] Au calme, c'est-à-dire tranquillement, sans pression

"Mais, et ton bébé ?" je lui demande. "Bah c'est une chose, le couple ç'en est une autre". *O-Kayyyyy* ! Bon, peut-être qu'au final je m'enflamme et qu'en fait ils sont séparés ! Auquel cas d'accord, même si la naissance est tout de même hyper récente. "Non, me répond-il, mais il ne se passe plus rien depuis un an et demi". Ah.

Après un rapide calcul, j'en conclus qu'ils ont fait un enfant en étant déjà en mauvais termes. La discussion se termine là, puisqu'il me bloque sans plus de détour.

Franchement les gens, ne faites pas d'enfant avec une personne avec laquelle cela ne se passe pas bien. Ne faites pas d'enfant pour sauver votre couple !! Cela ne résoudra rien !

# Le flippé

J'aurais aussi pu nommer cette histoire "le malodorant", il faut le savoir.

Un jour de janvier, je matche avec un Justin. Le courant passe de suite, il parle bien, il est drôle, il est intéressant, bref, le top. Il a deux ans de moins que moi, ce n'est pas dans mes habitudes de prendre plus jeune, mais pourquoi pas ! On se parle pendant 3-4 jours avec envoi de photos coquines, il me dit même qu'il a ce qu'il faut dans le pantalon … et ça m'en a tout l'air !

C'est encore un de ceux qui vivent chez papa/maman … quelle poisse ! Mais il n'a pas l'air découragé pour autant et me propose que l'on se voie à l'hôtel pas très loin de chez moi. Je ne suis pas emballée, mais pourquoi pas. Il a vraiment l'air cool.

Le cinquième jour, on se retrouve dans la chambre. Il était arrivé avant moi. J'ouvre donc la porte et là, ouch … l'odeur de transpiration me met une claque immédiatement. Physiquement, il est comme sur ses photos, par contre cette odeur !

Je décide de passer outre. Lui qui était si avenant par message est une tombe face à moi maintenant. Il paraît hyper stressé (ce qui expliquerait l'odeur). Du coup, il me met mal à l'aise, et on se met au lit comme deux robots.

L'acte se passe (pas plus de 15 minutes), et le gars me fait comprendre qu'il veut partir. Avec grand plaisir ! Il me ramène chez moi dans un silence de mort, et s'en va.

Le lendemain matin je reçois un message de sa part s'excusant : "C'était ma première fois hors couple, j'étais hyper stressé, en rentrant j'ai raté deux fois la sortie de l'autoroute, j'ai même oublié de manger, tu es parfaite". O-Kay.

Je décide de lui laisser une autre chance (décidément) et on se remet à parler par messages, comme si de rien. Trois semaines plus tard, rebelote, on convient d'un rendez-vous. Il voulait qu'on aille manger un bout avant histoire de détendre l'atmosphère, ce que j'accepte.

Ensuite direction l'hôtel. Et là, le drame, il y a un problème avec la réservation, impossible de prendre une chambre. On décide de se rapatrier vers un autre hôtel. Entre l'attente des bus et le trajet en lui-même, une heure s'est écoulée.

Arrivés à l'hôtel : complet. Voyant que je ne suis pas si loin de chez moi et n'étant plus du tout d'humeur, je me tâte à rentrer. Il me convainc que non et nous cherchons donc un TROISIEME hôtel. Au bout d'une heure et demie à chercher un trajet, dénicher les arrêts de bus et attendre lesdits bus, nous arrivons EN-FIN à un hôtel décent.

Ça s'est mieux passé que la première fois, mais l'odeur était toujours légèrement présente et le gars ne m'a franchement pas convaincue. Après deux heures, je décide de partir et rentrer chez moi.

Il me recontactera le lendemain, mais je ne donnerai pas suite.

# Le guet-apens

Un jour où je swippais gaiement sur Tinder, je matche avec un Bernard. Là, vous vous dites "Merde, elle n'aurait pas pu trouver mieux que Bernard comme blaze[17] ?". Ben non, vive les Bernard !

Bref. Il faut savoir que lorsque je commence à discuter avec des hommes, trois questions reviennent essentiellement (je précise que c'est moi qui les pose, les questions) :

1- Tu recherches quoi ici ? (Si le gars recherche le big love, NEXT ! Mais on vous rassure, ils ne recherchent JAMAIS le big love. Mes préférés sont justement ceux qui clament le chercher mais qui, au final, lorsque je leur confie que bah, désolée moi je ne suis là que pour sexer, se confondent en excuses en mode : "Ouais enfin passer du bon temps c'est cool aussi". Bah non, BYE BYE les mythos ! Mieux vaut un gars qui t'annonce clairement qu'il veut niquer, plutôt qu'un qui déguise son envie sous des faux désirs de couple).

2- Tu vis seul ? Si la réponse est non, c'est un NEXT. On fait ça chez lui ou rien, je n'invite pas des

---

[17] Prénom

inconnus chez moi, et encore moins des hommes de Tinder.

3- T'habites où ? Bah ouais, s'il vit de l'autre côté de Paname[18], très peu pour moi, merci !

Et c'est sur cette dernière question qu'avec mon Bernard ça n'a pas accroché. Le mec vit clairement sur la Lune. Je suis donc prête à le nexter avec grande classe, lorsqu'il me sort qu'en fait il possède un appart dans la ville voisine de la mienne. Impec' !

À partir de là, il faut savoir que deux cas de figure s'imposent : il y a les gars qui veulent boire un verre (pour niquer ensuite), et ceux qui te proposent direct de venir chez eux (pour niquer de suite). Vous vous en doutez, les gros queutards[19] d'IDF, c'est l'option 2 ! Mais attention, ceux qui proposent l'option 1 sont des queutards déguisés, on adore.

Mon Bernard, c'est clairement une option 2. Moi, je m'en tamponne le coquillage, verre ou pas, la finalité est la même : J'AI ENVIE DE NIQUER.

---

[18] Paris, « *Paname, Paname, on arrive, moi ma tête, et mes chansons…* » Slimane
[19] Personne de sexe masculin présentant un fort intérêt à se servir de son organe génital, coûte que coït.

Avec Bernard, on a discuté l'équivalent du temps d'un saut à l'élastique (à base de banalités plus affolantes les unes que les autres), puis on fixe une date pour les hostilités.

La date arrivant, je me rends donc chez lui. Il m'ouvre la porte et là, surprise, une go[20] s'affaire au loin dans son appart. M'est d'avis que vous auriez payé cher pour voir ma tête à ce moment précis. Je réussis assez spectaculairement à me remettre du choc (il faut savoir qu'un mec qui t'accueille avec une nana chez lui, c'est plutôt rare, voir clairement improbable), et pense immédiatement qu'il veut se faire un plan à trois.

J'étais tellement perturbée en enlevant mes chaussures que je réfléchissais même à la possibilité de donner mon accord, et de ce fait, à la façon dont j'allais m'y prendre avec cette fille (plans sur la comète mode : ON). Il faut savoir que j'ai toujours eu envie de faire un plan à trois, mais être un minimum au courant c'est mieux quand même.

Je m'avance dans le salon, et soudain, mes sourcils se lèvent si haut qu'ils auraient été prêts à toucher mon front si leur conformation physique n'était pas si ba-

---

[20] Femme, nana, fille, meuf, personne de sexe féminin, vous l'aurez compris !

nale. Un deuxième gars se trouvait sur ma droite. Rapide calcul, nous étions donc quatre dans l'appartement. Dans ma tête, c'est la folie : "Il veut qu'on fasse un plan à QUATRE ???".

L'horreur et la débilité de la situation auraient pu s'arrêter là, si les trois inconnus ne s'étaient pas mis à regarder Koh Lanta ... À cet instant précis, assise dans le canapé à côté de mon date, un autre gars et une autre go avachis dans le lit, tous en train de regarder une émission TV, je me suis dit : "Mais qu'est-ce que je fucking fous là ?!".

Bernard a dû remarquer mon malaise (enfin) puisqu'il m'écrit en douce (collégien du jour bonjour !) que les deux autres vont bientôt partir. À moitié rassurée, je fais semblant de m'intéresser à leur émission abrutissante.

Le temps se faisant long (je prenais littéralement racine dans le canapé), notre Bernard national se décide enfin à envoyer un message à l'autre gars de cette ridicule assemblée. Cinq minutes après, les deux intrus étaient partis.

L'explication est absolument aberrante : nous ne sommes pas chez lui, mais chez son cousin (comme vous l'aurez compris, l'autre mec). Et la nana n'est autre que sa copine. Moi qui pensais que nous étions dans son appart', pas du tout ! On est très clairement en train de squatter chez le cousin, cousin qui se doute bien évidemment de ce que l'on va faire chez lui. Non mais quelle galère !

Le zinc[21] parti, Bernard met quand même un peu de temps avant de me chauffer (le temps perdu dans cette histoire est absolument aberrant). Petits prélis pas oufs, et en plus, il embrasse hyper mal (l'haleine n'est pas des plus fraîches non plus …). Au moment fatidique de rentrer, je vois que le gars n'a pas mis de capote.

Les mecs font vraiment comme chez eux dans ce genre de situation. Comme si on était assez abruties, nous les femmes, pour ne pas se rendre compte que le mec a fait un déni de capote. Je lui fais donc remarquer et il me dit qu'il n'en n'a pas.

C'est la douche froide.

J'ai clairement maté Koh Lanta pour que dalle. Le #help s'allume en gros dans mon cerveau.

Bernard passe un call au cousin à base de : "Wesh cousin, t'as pas une capote ?". Non mais quelle angoisse. Ben non, le cousin n'a rien. Super.

---

[21] Cousin

On se fait un petit coup de sexe oral des familles (dédicace à l'auteur de ce livre), qui ne vaut absolument rien, puis vient l'heure (enfin) de me casser de là.

"T'as kiffé ?" qu'il ose me sortir. Ma tête parle pour moi. "Ah, on ne dirait pas …". NON PAS DU TOUT ! "On se revoit ? Promis j'ai des capotes la prochaine fois, je veux me rattraper". Moi : "Oui, oui". Sous-entendu NON-NON. Il a dû comprendre car il me sort : "Pourquoi j'ai l'impression qu'on ne va pas se revoir ?".

Et sur ces belles paroles, je le quitte.

Fun Fact : On se revoit une semaine plus tard (ma générosité m'impressionnera toujours) pour passer à l'action cette fois-ci.

Sans surprise, c'était nul. La première fois que je simulais de ma vie (pour dire).

Lorsque je le quitte cette fois-là, c'est vraiment pour de bon. Il m'envoie une série de sms deux-trois jours plus tard, je lui fais comprendre qu'on ne se reverra pas car je n'étais pas à l'aise avec lui (je suis restée hyper soft). Sa réponse : "tu es bisar toi ok pas de soucis".

LOL cool, le gars va me lâcher la grappe. Que nenni ! Deux jours plus tard : "Coucou ça va, du coup on se voit dans la semaine ?". Mais WTF ! Je lui refait comprendre que NON c'est NON (puisque visiblement la lecture n'est pas son point fort), et Monsieur se vexe. À partir de là, je décide de le bloquer (chose que j'aurais dû faire depuis bien longtemps, on ne m'y reprendra plus!).

## Conclusion ou la morale de ces histoires

La morale de cette histoire… en fait, je n'ai pas envie d'être dans un ton prescriptif, chacun de vous tire de tout ceci les conclusions qu'il souhaite, mais par pitié, faites attention à vous !

Avec du recul, je n'ai parfois pas été très prudente alors, les bistrots sont nos amis, et n'hésitez pas à prévenir un pote ou deux le soir d'une nouvelle rencontre. Et de mettre en place un système d'alter du style : « Si tu n'as pas de mes nouvelles à minuit, inquiète-toi ».

Dernièrement, via un réseau social mondialement connu, j'ai lu un témoignage glaçant : un ancien violeur sévissant via les applis de rencontres (et sur Paris bien sûr), venait de sortir de prison, et, of course, s'était réinscrit sur toutes les applis, (avec plusieurs identités).

J'ose espérer qu'il a changé et qu'il n'arrivera rien à personne, mais j'en doute. Alors, prudence !

Quelques années ont passé depuis que ces histoires ont eu lieu, aujourd'hui je suis à des années-lumière de tout cela (j'essaye d'attendre sagement que LA RENCONTRE naturelle ait lieu, et ma copine est casée) … en tout cas je réalise qu'il y avait vraiment matière à exploiter !

Écrire un livre est un projet formidable, je pense qu'il figurait même inconsciemment dans la to-do list de ma vie.

C'est sûr que le thème ne relève pas d'un monument de Victor Hugo ou encore de Zola, cependant sachez qu'il m'a bien fait marrer, et que j'ai pris énormément de plaisir à le rédiger. Et mes amis, à le lire. Et ça, c'est déjà énorme non ?

Dans un monde de plus en plus morose, si vous aussi vous avez pu vous évader dans ces petites histoires rigolotes (qui volent plus ou moins haut d'ailleurs, à vous de juger le degré d'altitude !), et bien, je m'en félicite !

## Remerciements

Je remercie tout d'abord tous les amis dans la confidence qui ont cru en moi et m'ont boostée tout au long de la rédaction de ce livre.

Si au début il ne m'était pas venu à l'esprit de concrétiser ce projet, c'est vrai que, petit à petit, et en échangeant avec eux tous, cette idée a plus que mûri (elle a même éclos !)

Merci à tous mes lecteurs de l'ombre, mes donneurs d'avis sur l'aspect de la couverture… Grâce à vous j'ai pu prendre le recul nécessaire.

Merci enfin à mon amie, avec qui le record du vocal le plus long sur WhatsApp a été atteint, qui a toujours été là en temps réel pour me conseiller, me faire redescendre sur terre, me dire de prendre le large, bref !

Je suis ravie d'avoir partagé cet écrit avec toi, car il est quand même question de raconter une partie de nos vies. Ce bouquin, c'est un peu notre enfant (non, la situation n'est pas si désespérante que cela, c'est une image, une métaphore comme on dit en littérature !).

Enfin, merci à tous, et merci à vous qui vous y êtes intéressés.

*Ecrit débuté en 2018 et achevé en décembre 2021.*